SOCORRO! MEU FILHO COME MAL

SOCORRO! MEU FILHO COME MAL

Gabriela Kapim
Ana Abreu

gnt LeYa

Diretor editorial: **Pascoal Soto**
Editora executiva: **Maria João Costa**
Diagramação: **Ideias com Peso**
Ilustração: **Ideias com Peso**
Imagem de capa: **Globosat**
Designer de capa: **Ideias com Peso**
Crédito da imagem de Ana Abreu: **Seblen Mantovani**

Dados Internacionais de Catalogação na Publicação (CIP)
Angélica Ilacqua CRB-8/7057

Abreu, Ana
Kapim, Gabriela
Socorro, meu filho come mal / Ana Abreu, Gabriela Kapim. – Rio de Janeiro : LeYa, 2014.
104 p. : il.

ISBN 978-85-441-0035-6

1. Crianças – nutrição 2. Hábitos alimentares I. Título II. Kapim, Gabriela

14-0217 CDD 641.5622

Índices para catálogo sistemático:
1. Crianças – nutrição

2014

TEXTO EDITORES LTDA.
[Uma editora do Grupo LeYa]
Rua Desembargador Paulo Passaláqua, 86
01248-010 – Pacaembu – São Paulo – SP – Brasil
www.leya.com.br

Este livro é dedicado a todas as crianças – as que comem bem e as que ainda não comem tão bem...

em especial às nossas crianças:
Sofia e Antonio, Francisco e Miguel

ÍNDICE

INTRODUÇÃO

Meu nome é Gabriela de Mattos, mas todo mundo me conhece por Gabriela Kapim. Ou então só por Kapim mesmo. Mas não, Kapim não é sobrenome, como muita gente pensa.

APRESENTAÇÃO GABRIELA KAPIM

Kapim é um apelido de infância, que eu adoro. O motivo? Quando eu era pequena, brincava com os meus primos (que são muitos) de esconder no sítio da minha avó, onde sempre passávamos as férias. Como eu era a menor, ficava sempre bem abaixada, na altura do capim. Então eles só me achavam quando eu começava a me mexer: olha lá o capim balançando, é lá que ela está. E de tanto brincar de me esconder no capim, acabei ganhando esse apelido. Na adolescência, quis fazer uma graça e coloquei o k.

Sempre fui uma criança que comia de tudo, principalmente as frutas. Nas férias, no sítio da minha avó, a comida era uma só e a hora das refeições era a mesma pra todos; então era comer o que tinha ou ficar com fome... Bom, ficar com fome era a última das opções, pois tinha fruta liberada o dia todo. Biscoitos, balas e chocolates ficavam escondidos lá em cima do armário. Era bem mais fácil pegar a fruta que estava na fruteira em cima da mesa. E que época boa.

Eu sempre quis trabalhar com saúde. Quando era criança queria ser professora de Educação Física. Mas quando fui ficando mais velha, e comecei a viajar com os amigos e tínhamos que cozinhar, comecei a conhecer vários alimentos que até então nunca tinha ouvido falar, pois não costumavam ter na minha casa: beringela, rúcula, bardana... Fui ficando cada vez mais curiosa com esse alimentos e o universo da alimentação. Então eu fui estudar nutrição ainda com a ideia de trabalhar com esporte, pois sempre amei fazer atividade física. Com isso em mente, durante o curso de graduação, comecei a dar aulas de capoeira para crianças. E foi aí que comecei a descobrir o mundo encantador das crianças e percebi como é incrível o poder que elas têm de ver a vida com uma lógica tão mais simples do que a de nós, adultos. Meu primeiro emprego como nutricionista foi em uma escola. Lá pude perceber que muitas crianças mal conheciam os alimentos. O prato deles chegava no refeitório e eles não sabiam o que era um brócolis, uma abobrinha, uma beterraba... E rejeitavam com determinação aqueles desconhecidos – afinal de contas, nossos pais sempre nos ensinam a não dar atenção a estranhos. Então tive uma ideia simples, e que se mostrou muito eficiente: comecei a dar aulas de culinária para os alunos. Com isso, a disposição deles para experimentarem novos sabores e a curiosidade em relação aos alimentos só cresceu.

Daí pra frente, meu encantamento foi só aumentando. Percebi que estar com esses pequeninos me faria muito bem, e procurei uma forma de também fazer bem a eles – e desde então é nisso que acredito e é isso que venho buscando ao longo desses anos.

É por isso que em todo o meu trabalho voltado para o universo infantil eu priorizo tanto a prática de atividades físicas: eu não acredito em um estilo de vida saudável sem que haja uma boa alimentação, mas sempre aliada à prática de exercícios na rotina. E quando eu falo em exercícios, eu não estou me referindo à ginastica e à academia: existem muitas opções de atividades lúdicas que podem agradar a pequenos e grandes, como dança, natação, patins, bicicleta, skate, capoeira... O importante é o movimento, e estar feliz com a escolha. Seu filho não quer saber de exercícios? Quem sabe vocês ainda não descobriram que tipo de atividade ele gosta? E que tal praticá-la junto com seu filho, e fazer dessa prática um momento de afeto? Com prazer, fica sempre mais fácil.

E para cuidar bem dos pequenos, comecei a perceber que era preciso cuidar também dos adultos que estão à sua volta. De nada adianta trabalhar com as crianças se eu não posso ter acesso a sua família, sua casa e sua rotina. Então meu trabalho começou a entrar na casa dos pequenos. Para mudar hábitos alimentares, passei a mexer na cozinha, orientar nas compras, organizar despensas e ensinar pais, avós, babás e cozinheiras. Não é fácil. Mas é possível e tem dado muito certo.

> E PARA CUIDAR BEM DOS PEQUENOS, COMECEI A PERCEBER QUE ERA PRECISO CUIDAR TAMBÉM DOS ADULTOS QUE ESTÃO À SUA VOLTA.

É claro que uma guloseima de vez em quanto pode. O que não pode é virar rotina. Se a criança come bem durante a semana, não há nenhum problema em comer balas, chiclete e chocolate nos finais de semana (com moderação, é claro). Comer guloseimas todos os dias não dá. Ou, pior ainda, substituir refeições saudáveis por besteiras. O equilíbrio é sempre a melhor saída, e com bom senso não há como errar.

APRESENTAÇÃO ANA ABREU

Eu sou psicóloga, e desde cedo, ainda adolescente, comecei a trabalhar com crianças: fazia animação de festas e fui atriz de teatro infantil.

E foi nessa época, ainda na escola, que conheci a Kapim. O universo infantil sempre nos encantou. Já dividimos o palco em peças infantis e já trabalhamos juntas em colônia de férias. São mais de 20 anos de amizade e muitas aventuras. Adoramos lembrar que a Gabriela aprendeu a gostar de comer cebola na minha casa.

Já formada em psicologia, continuei a trabalhar com crianças e adolescentes, em escolas, em consultório particular e em clínicas de psicologia. Fiz pós graduação, mestrado e doutorado em psicologia, sempre em torno do tema infância e juventude.

Quando meus dois filhos nasceram (em escadinha com os dois filhos da Kapim, e os quatro são grandes amigos desde a barriga), eu fiquei uns anos sem trabalhar, para me dedicar exclusivamente aos primeiros momentos de vida dos meus meninos. Quando eu nasci, meus pais seguiam a linha da nutrição macrobiótica, então a alimentação natural e saudável sempre foi um hábito (mas eu bem me lembro que comia salame escondido nas férias na casa dos meus avós). Acompanhei, bem de pertinho, todos o processo de alimentação dos meus filhos. Passei por momentos fáceis, outros bem difíceis, vi meus filhos, que sempre comeram de tudo, rejeitarem vários alimentos... E hoje, com eles mais crescidos posso dizer com orgulho: meus filhos comem super bem, e de tudo. Nunca beberam refrigerante, comem pratos super coloridos e pedem salada se faltar no prato. Se eles comem besteira? Claro que sim. Mas só nos finais de semana. Na rotina é comida saudável todo dia, e é incrível ver como eles próprios se orgulham disso.

Como eu sempre gostei de escrever, de uns anos pra cá me tornei roterista de televisão. E foi então que eu e a Kapim nos unimos mais uma vez, e decidimos criar juntas um programa de tv que pudesse auxiliar famílias com dificuldades em alimentar de forma saudável seus filhos. Dessa forma nasceu o **Socorro! Meu filho come mal.**

Seu filho come mal? Não há nenhuma dificuldade alimentar que não possa ser resolvida com uma xícara de paciência, uma pitada de carinho, um punhado de dedicação e uma boa dose de orientação nutricional.

E é com prazer e alegria que trazemos aqui uma série de dicas, receitas, histórias e atividades que podem ajudar você e sua família a adotarem hábitos alimentares mais saudáveis. Esse é um livro para toda a família.

No primeiro capítulo, mostramos os dez mandamentos para uma alimentação infantil saudável.

10 MANDAMENTOS

Os capítulos seguintes são dedicados às maiores dificuldades que as crianças apresentam. Em cada um deles você vai encontrar uma série de dicas, receitas, sugestões de atividades e uma pequena história, para ser lida em família.

Então, mãos à obra. Ou melhor, mãos na massa.

OS 10 MANDAMENTOS PARA UMA BOA alimentação infantil.

1. Alimentação é acima de tudo um gesto de cuidado e carinho.

2. A alimentação consciente é uma questão de educação.

3. Comida não é moeda de troca.

4. O prato precisa ter cinco cores diferentes.

5. Os pais são sempre o melhor exemplo para os filhos.

6. A hora da refeição deve ser um momento de prazer em família.

7. Refeições sem distrações.

8. Para gostar, tem que experimentar.

9. Se a criança não estiver com fome não precisa comer...

10. As regras são para todos os membros da família.

7.

ALIMENTAÇÃO É ACIMA DE TUDO UM GESTO DE CUIDADO E CARINHO.

UMA ALIMENTAÇÃO SAUDÁVEL
é sinal de cuidado e de preocupação com a saúde do seu filho, agora e no futuro.

Alimentar as crianças de forma saudável é mais do que um gesto de saúde. É simplesmente um gesto de amor. Parece óbvio? Pois tendo isso sempre em mente, inserir uma boa alimentação na rotina das crianças fica ainda mais fácil. Uma alimentação saudável é sinal de cuidado e de preocupação com a saúde do seu filho, agora e no futuro. Na correria do dia a dia, muitas vezes optamos por saídas mais fáceis e práticas, e oferecemos aos nossos filhos alimentos que não nos tomam tempo, nem de preparar, nem de introduzir um novo sabor no cardápio.

Mas ceder ao conforto e aos hábitos (isso sem falar nos ataques que muitas crianças dão para comer o tal biscoito recheado de sempre) é uma solução a curto prazo. Em termos de saúde, e de qualidade de vida a médio e longo prazo, não é uma boa escolha... A saúde dos nossos filhos está em nossas mãos.

Você deixa seu filho sem tomar as vacinas obrigatórias? Imagino que não.

E seu filho gosta de tomar vacina? Você fica com o coração apertado em vê-lo chorando? Imagino que sim.

Mas nem por isso deixa de vaciná-lo, certo? Porque é uma questão de saúde: pode ser desagradável no momento da injeção, mas vai protegê-lo de uma série de doenças no futuro.

Podemos pensar que com a alimentação saudável se dá o mesmo, mas com a grande vantagem de não doer e de ser bem mais gostoso.

2.

ALIMENTAÇÃO CONSCIENTE É UMA QUESTÃO DE EDUCAÇÃO.

Comer de forma saudável é algo que se aprende em casa, e desde cedo. O ideal é que a alimentação equilibrada seja introduzida desde o nascimento, mas é importante saber que nunca é tarde para mudar. E a mudança deve ser feita o quanto antes, pois quanto mais tempo acostumada a se alimentar de forma precária, mais difícil pode ser o processo de transformação.

A pessoa responsável pelos cuidados cotidianos da criança, seja a babá ou a avó, por exemplo, também deve ser devidamente orientada. As regras devem estar claras e devem ser cumpridas por todos. Procure estar atento também ao cardápio da escola, ao lanche que seu filho leva de casa e, em caso de dúvidas, procure o nutricionista da escola.

Seu filho pode ficar todos os dias sem escovar os dentes, sem lavar as mãos ou sem fazer o dever de casa? Pois é com a mesma determinação que a alimentação deve ser tratada: tem que comer bem simplesmente porque é preciso!

comer saudável.

3.

COMIDA NÃO É MOEDA DE TROCA.

Não pode haver negociação entre comida e qualquer outra coisa, como brinquedo, passeio ou festa. É comum prometer mundos e fundos caso a criança coma bem, e muitas vezes é uma estratégia que funciona. Mas, o que acontece quando não se promete nada? A criança vai comer, ou está acostumada a comer sempre em troca de alguma coisa? Se as trocas começam a ser a única forma de fazer com que a criança coma bem, algo está errado. E alguns pais, na hora do sufoco, acabam fazendo ameaças que muitas vezes nem cumprem, o que pode ser muito ruim para a relação de confiança que a criança estabelece com os pais.

Então, de volta à premissa anterior: a criança tem que comer bem e ponto.

Eu sei que falando assim pode até parecer difícil ou mesmo impossível, mas se você de fato acredita nisso e entende a importância da alimentação para a saúde do seu filho, estará mais seguro para enfrentar o processo de transformação. Além disso, os seus valores em relação à alimentação são os valores que serão passados para seu filho. Então vamos lá: você acredita que a criança deve comer apenas em troca de alguma coisa ou porque é essencial para a saúde e bem estar dela que se alimente bem?

A única negociação possível na hora das refeições é entre um alimento e outro. Vale trocar uma colher de cenoura por uma de creme de espinafre, ou um pedaço de frango por um ovo cozido. Chega de comprar seu filho para que ele se alimente bem.

4.

O PRATO PRECISA TER CINCO CORES DIFERENTES.

Cinco cores no prato, esse é meu lema.
Um prato saudável e completo deve conter:

1. **Proteína**
(carne, frango, peixe, ovo, frutos do mar, laticínios...)

2. **Cereal**
(arroz, trigo, milho, aveia, quinua...)

3. **Leguminosa**
(feijões, lentilha, ervilha, grão de bico...)

\+ E pra completar as cinco cores, mais dois vegetais coloridos: verde, vermelho, laranja, amarelo, rosa ou branco.

Mas por que exatamente cinco cores? Por dois principais motivos: um é lúdico e o outro é nutricional.

Vamos lá: o prato colorido é um jeito lúdico de mostrar pra criança a variedade de cores que os alimentos trazem. Criança adora tudo que é colorido. Assim como as cores dos brinquedos, das roupas e dos jogos, as cores dos alimentos também podem ser uma grande diversão.

Mas essa brincadeira tem uma questão nutricional importante: a variação de cores está diretamente relacionada com a variação de nutrientes. Os alimentos alaranjados estão cheinhos de betacaroteno, os vermelhos de licopeno, os verdes escuros estão recheados de ferro...

Um exemplo simples de prato colorido e saudável: arroz, leguminosa (varie entre os diferentes tipos de feijão, a lentilha, a ervilha, o grão de bico), proteína (carne, peixe, frango, ovo, de preferência sem fritura) e pelo menos dois tipos de vegetais de cores diferentes.

5.

OS PAIS SÃO SEMPRE O MELHOR EXEMPLO PARA OS FILHOS.

Muita atenção ao que você come na frente do seu filho. Dificilmente seu filho terá uma alimentação saudável se você come mal. A primeira coisa a ser feita antes de iniciar qualquer mudança alimentar em uma criança é dar um bom exemplo. Os pais sempre serviram como o maior exemplo para os filhos, e isso também vale quando o assunto é alimentação. As crianças não entendem porque os adultos podem comer mal e eles não. De que adianta proibir seu filho de beber refrigerante se ele o vê fazendo isso diariamente? Por que ele deveria ter uma alimentação saudável e você não?

Se seu filho come mal, começe a reparar que mensagem você está passando sobre a importância da alimentação para ele, não na sua fala, mas nas suas ações! Nossos filhos aprendem muito mais com o que fazemos na frente deles do que com o que falamos pra eles. Portanto, bom exemplo sempre.

BOM EXEMPLO

6.

A HORA DA REFEIÇÃO DEVE SER UM MOMENTO DE PRAZER EM FAMÍLIA.

Aproveite as refeições para curtir a família. Na correria do dia a dia, são raros os momentos em que todos estão juntos. Então se esforce para fazer pelo menos uma refeição em família, a que for possível para você. Essa reunião da família ao redor da mesa pode ser um grande prazer. Converse com a criança, conte algo que aconteceu no seu dia, pergunte como foi na escola. Valorize a alegria de estarem juntos, porque assim a criança não vai associar os momentos das refeições a obrigação e chatice.

As refeições podem ser o palco de grandes momentos: quantas grandes empresas não começaram em um almoço de negócios? Quantos pedidos de casamento não foram feitos em um jantar romântico? Então valorize esses momentos e curta cada refeição com sua família.

7.

REFEIÇÕES SEM DISTRAÇÕES.

SEM

TELEVISÃO
CELULAR
TABLET
VIDEOGAME

Nada de televisão, tablet, videogame ou celular ligados durante as refeições. Já diziam nossas avós: a hora das refeições é sagrada. A ordem aqui é comer com prazer e curtir.

Se a criança só come assistindo televisão, por exemplo, ela não presta atenção no que está comendo. Dessa forma a criança não distingue os sabores dos alimentos. Além disso, o cérebro não registra da forma correta o que a criança comeu, e ela pode querer comer demais – ou de menos. É essencial que a criança saiba o que está comendo e fique atenta à mastigação. Quando se come com distrações, mastiga-se menos; com isso se produz menos saliva, o que acaba prejudicando muito a formação do bolo alimentar e consequentemente a absorção de alguns nutrientes.

Além disso, se a criança aprende a curtir as refeições, vai se tornar uma ótima parceira em idas a restaurantes com os pais.

8.

PARA GOSTAR, TEM QUE EXPERIMENTAR.

Seu filho é daqueles que diz que não gosta de um determinado alimento antes mesmo de experimentar? Não preciso nem dizer que pra gostar tem que experimentar, né? E tem que ser várias vezes.

Você deve oferecer ao seu filho várias receitas feitas com o mesmo alimento. A forma de se preparar o alimento pode mudar sua textura e até seu sabor. Quer que seu filho coma cenoura? Então ofereça cenoura crua, cenoura cozida, suflé de cenoura, purê de cenoura, bolo de cenoura... São inúmeras as opções de receitas com o mesmo alimento, o que aumenta muito a chance de aceitação da criança.

Estudos dizem que é preciso experimentar pelo menos dez vezes um mesmo alimento para que a criança (e o adulto) tenha certeza se gosta ou não. Então, considerando que podemos fazer pelo menos dez preparações diferentes de cada alimento, seria necessário experimentá-lo cem vezes antes de dizer que não gostamos. Tá bom, cem vezes pode ser muito, né? Mas o importante é não desistir. Se a criança fala que não gosta uma única vez, insista mais um pouco e procure variar a preparação do alimento.

9.

SE A CRIANÇA NÃO ESTIVER COM FOME NÃO PRECISA COMER...

Eu sei que o coração muitas vezes aperta, mas quando a criança só quer saber de enrolar na hora das refeições, não adianta insistir. Ela só está testando o limite e a paciência dos pais. Se ela estiver com fome, irá comer. Se não quiser comer, retire o prato da mesa. Sem brigas, insistência, nem discussões. Mas não vale dar nenhuma outra coisa pra criança comer, principalmente besteiras! Quando ela tiver fome e pedir pra comer, ofereça comida novamente.

Não fique oferecendo comida o tempo todo para a criança, deixe que ela sinta falta e peça. É importante, também, que a criança entenda que existe uma ordem nas refeições: café da manhã, colação, almoço, lanche, jantar e ceia. E que desta forma não é possível, por exemplo, lanchar sem ter almoçado, pois existe uma sequência de refeições, e uma não deve substituir a outra.

Lembre-se: ter sempre em mente que isso é a melhor coisa para a saúde do seu filho vai ajudar muito no processo.

10.

AS REGRAS SÃO PARA TODOS OS MEMBROS DA FAMÍLIA.

Lembra da importância do exemplo dos pais? Vamos estendê-la para toda a família! Não adianta nada aplicar as regras para uma criança e não para o seu irmão. E muito menos os pais ficarem de fora. A saúde de todos é igualmente importante.

As regras são pra todos.

Só assim a criança vai entender que não adianta mais birra, choro, e nem ânsia de vômito! Se todo o ambiente estiver propício para que a alimentação consciente passe a ser a regra, a criança passa a aceitar com mais facilidade.

Capítulo 1

Guerra ao verdinho.

Muitas crianças rejeitam alimentos verdes, os famosos verdinhos. Na verdade, grande parte delas têm verdadeiro horror. Mas as opções são muitas, e cada verde tem um sabor e uma textura diferente.

A verdade é que nenhuma criança nasce tendo uma relação ruim com alimentos verdes. Isso provavelmente ela aprende em casa, na escola ou na casa de amigos e parentes. Por que as crianças não recusam, por exemplo, alimentos amarelos? Afinal, qual é o problema do pobre do verde? Verde é a cor da natureza, naturalmente é associado quando falamos em uma alimentação saudável. Quando se pensa em vegetais, seja legumes ou verduras, automaticamente nos remetemos a alimentos verdes. Então a melhor saída é encarar o verde de frente e não fazer dele um bicho de sete cabeças.

Verdinho, o terrível

Sofia e Luna são amigas inseparáveis. Se conhecem desde a barriga! Estudam na mesma turma e vivem grudadas, pulando de uma casa para outra. Sofia é magrinha, ágil e espevitada. Faz aula de circo e não tem medo de nada. Já a Luna não é tão destemida assim... Não tem coragem de se pendurar no trapézio como Sofia adora fazer. Ela gosta mesmo é da sua aula de ballé. Mas as duas juntas se sentem invencíveis. Formam mesmo uma dupla e tanto.

Um dia, Sofia foi dormir na casa da Luna. Tudo estava correndo bem como sempre, mas na hora do jantar, também como sempre, começou a confusão. A mãe da Luna começou com aquele papo chato de ter que comer legumes e verduras, mas era sempre a mesma coisa: elas só queriam saber de arroz, caldinho de feijão e carne. Depois de muita briga e discussão, e de um prato muito sem graça, Luna e Sofia acabaram tendo que ir pra cama mais cedo.

Luna estava muito brava. Não entendia porque tanta confusão só por causa do chato do verdinho. Foi deitar irritada e de mau humor:

– Fala sério! Eu não entendo porque a minha mãe acha que eu vou comer uma coisa verde. Nenhuma criança come verde. E eu também nunca vi ela comendo verde.

– Pelo menos lá em casa a minha mãe e o meu pai comem verde...– disse Sofia.

– Mas não é por isso que eles acham que você vai comer, né? Eles não sabem que é praticamente uma regra nossa? A gente não come e ponto final!

Luna estava cada vez mais irritada.

– Você acha que alguma criança já teve coragem de comer verdinho? – perguntou Sofia, um pouco constrangida.

– Ai, amiga, que pergunta é essa? Claro que não! – respondeu Luna, querendo encerrar a conversa.

– Nenhuma mesmo? Mas os adultos não dizem que a gente tem que comer pra ficar forte? – insistiu Sofia.

– E você acredita nisso? É invenção deles pra gente comer aquela coisa horrível! – respondeu Luna, indignada.

– Mas se você nunca experimentou, como sabe que é horrível?

– Nem precisa, né? Uma coisa que é verde? Como pode ser boa? Mas por que voce tá perguntando isso agora? Vamos dormir.

– Porque eu queria te contar um segredo... Mas daqueles que você tem que jurar de mindinho que não vai contar pra ninguém.

– Ai, Sofia, claro que eu juro, juro juradinho. Mas que segredo é esse que eu não sei? – perguntou Luna, começando a ficar intrigada.

– Tô com vergonha de contar...

– Ah, não, agora vai ter que dizer.

– É que eu... Um dia... Eu já experimentei.

– Já experimentou o quê?? – perguntou Luna, quase gritando.

– Verdinho... e gostei... – Sofia confessou, quase sussurrando.

Luna estava em estado de choque. E com nojo, muito nojo. Não acreditava que a amiga tinha traído tanto a confiança das crianças. O combinado sempre foi claro: nenhuma criança come verdinho. E a Sofia além de tudo ainda tinha gostado! Estava perplexa, mas com a pulga

atrás da orelha: será que Sofia estava falando a verdade e o verdinho era bom mesmo? Mas como Sofia teve coragem? Como ela pôde colocar na boca, mastigar e engolir? Os pensamentos de Luna foram interrompidos por uma outra pergunta sem sentido de Sofia:

– Mas por que mesmo a gente não come verdinho?

– Ah, sei lá, ué! Só sei que criança não gosta de comer coisas verdes, é assim e ponto.

Mas Sofia não conseguia entender essa regra. Na sua casa todo mundo comia coisas verdes e de outras cores também. Até seu irmãozinho comia. E se era gostoso e fazia bem, como os adultos sempre falavam, por que não podiam comer? Então Sofia disse, com medo da resposta da amiga:

– Se você quiser, eu posso ir com você na cozinha te ajudar a experimentar também...

Luna nem respondeu. Fez-se um silêncio. Sofia pensou que a amiga já estivesse dormindo. Mas ela estava perplexa.

– Luna? Você ouviu?

– Claro que eu ouvi a sua ideia de jirico.

Mas Sofia não achou sua ideia de jirico. Pelo contrário, ela teve uma ideia mais maluca ainda: a partir daquele dia, iria tentar entender porque tantas crianças comiam tão mal e ajudar seus amigos a comerem melhor. E ia colocar o plano em prática a partir de agora.

– Vem, Luna.

Sofia nem deu tempo da Luna pensar. Puxou a amiga pelo braço, abriu a porta do quarto devagar, olhou para os lados para ver se a mãe da Luna ainda estava acordada e foi andando em direção à cozinha.

– Em silêncio! Ninguém pode saber...

– O que você tá fazendo, sua maluca?

– Te ajudando, ué.

Luna estava intrigada. Sofia abriu a geladeira, procurou, procurou e encontrou a travessa com o brócolis que tinha sobrado do jantar. Estava intacto. Ninguém tinha comido. A menina pegou aquela arvorezinha verde e colocou na boca com o maior prazer. Mastigou, mastigou e engoliu.

Disse, sorrindo:

– Pronto! Simples assim! Agora é a sua vez.

– O que? Tá maluca? Nem pensar.

– É só experimentar, vai. Eu prometo que não conto pra ninguém que você comeu, nem pra sua mãe.

– Mas e se eu não gostar?

– Tudo bem se você não gostar. Não tem problema. A gente volta pra cama e finge que nada disso aconteceu. Mas e se você gostar?

Luna estava confusa: a verdade é que nunca havia pensado em comer um verdinho. Mas a amiga em quem ela mais confiava estava ali, na sua frente, insistindo tanto! E ela tinha acabado de comer um brócolis e nada de ruim tinha acontecido com ela. Mas será que ela tinha coragem?

– Eu tenho medo...

– Ah, deixa de ser boba! Me dá a mão. No já, tá?

As duas amigas deram as mãos e contaram juntas: 1, 2, 3 e já!

Luna fechou os olhos e colocou a língua pra fora. Encostou a ponta da língua no brócolis e fez cara de nojo. Mas Sofia, rápida, empurrou o brócolis na boca da amiga. Luna tentou cuspir, mas Sofia não deixou:

– Pra dizer que não gostou, tem que pelo menos sentir o gosto.

Luna estava sem respirar. Deu um suspiro longo, tomou coragem e apertou com mais força a mão da amiga. Mastigou devagar. A cara de nojo foi dando lugar a uma expressão de surpresa. Engoliu, não sem dificuldade.

– Pronto, doeu? – perguntou Sofia, orgulhosa da amiga.

– Não... Até que não foi tão mal assim...

Sofia deu um abraço na amiga:

– To tão orgulhosa de você... Agora vem, vamos dormir que já tá tarde.

Luna estava toda cheia de si! Pela primeira vez na vida se sentia corajosa e destemida. Afinal, tinha acabado de fazer o que poucas crianças da sua idade haviam feito: experimentado um verdinho – e gostado!

ATIVIDADE:

Quais deste alimentos são verdes?
Pinte-os da cor correspondente.

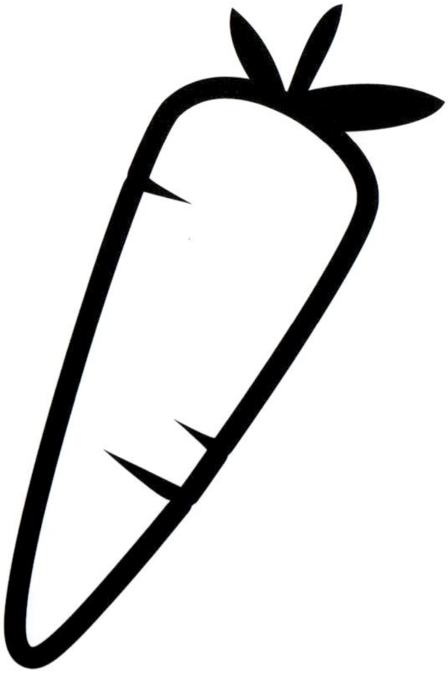

DINÂMICA:

Plantar temperos na janela de casa.
Você vai precisar de uma muda de tempero (pode ser alecrim, manjericão, cebolinha, salsinha...), de um vasinho pequeno e de terra.
Plante a muda no vaso, regue diariamente e acompanhe seu crescimento.
Logo logo você poderá usar seu tempero nas receitas.

ARROZ DE BRÓCOLIS

INGREDIENTES:

2 xícaras de chá arroz integral
1/2 cebola picada
2 dentes de alho amassados
1 colher de sopa azeite de oliva extra virgem
2 xícaras de chá de água
Sal a gosto
1 ramo de brócolis americano

MODO DE PREPARO:

1. Aqueça a panela e o azeite.
2. Doure o alho e a cebola.
3. Adicione o brócolis e refogue.
4. Adicione o arroz e tempere com o sal. Acrescente a água, abaixe o fogo e tampe a panela.
5. Espere a água secar e experimente. Caso ainda não esteja no ponto, acrescente mais um pouco de água.

Muffin de Espinafre com Muçarela

INGREDIENTES:

1/2 xícara de chá farinha de trigo branca

1 xícara de chá farinha de trigo integral

4 colheres de sopa de manteiga

1/2 xícara de chá de leite

1 xícara de chá de espinafre cru picado

2 ovos

1 colher de sopa de açúcar

1 xícara de chá de muçarela em cubinhos

1 colher de sopa gergelim preto

2 colheres de chá de fermento em pó

1/2 colher de sopa de sal

MODO DE PREPARO:

1. Preaqueça o forno a 180°C. Pique a muçarela e o espinafre. Unte 8 forminhas individuais de empadinha com manteiga e polvilhe com farinha.
2. Numa panelinha, derreta a manteiga.
3. No liquidificador, bata o leite e o espinafre. Junte os ovos e a manteiga derretida e bata novamente. Reserve.
4. Numa tigela grande, peneire as farinhas, o fermento, o açúcar e o sal. Faça um buraco no centro e despeje a mistura de espinafre. Misture com uma colher até a farinha absorver todo o líquido.
5. Coloque 2 colheres de sopa de massa em cada forminha, salpique com os pedaços de queijo, cubra com mais 1 colher de massa e polvilhe com o gergelim preto.
6. Leve ao forno por 20 minutos. Retire os muffins da assadeira e coloque sobre uma grade para esfriar. Sirva mornos ou à temperatura ambiente.

PANQUECA DE ERVAS

INGREDIENTES:

MASSA:

1/2 xícara de chá de farinha de trigo integral
1/2 xícara de chá farinha de trigo branca
1 xícara de chá leite
1 ovo inteiro
1 pitada sal
1/2 colher de sopa de alecrim fresco
1/2 colher de sopa de cebolinha fresca
1/2 colher de sopa de salsinha fresca
1/2 colher de sopa de manjericão fresco

RECHEIO:

1 peito de frango
1 cebola
1 dente de alho
1 colher de sopa de requeijão

MODO DE PREPARO:

1. **Massa:** Bata todos os ingredientes da massa no liquidificador até formar uma massa homogênea.
2. Aqueça uma frigideira pequena, unte com uma gota de azeite e espalhe com papel toalha. Despeje um pouco da massa e espalhe uniformemente na frigideira. Espere dourar levemente, vire a massa e repita com o outro lado. Faça o mesmo até usar toda a massa.
3. **Recheio:** Refogue a cebola e o alho, adicione o peito de frango e deixe cozinhar.
4. Deixe esfriar e desfie o frango, acrescente o requeijão e recheie a panqueca.

DICA

A MASSA DESCOLA FACILMENTE DA FRIGIDEIRA QUANDO ESTIVER NO PONTO DE VIRAR.

Capítulo 2

FEIJÃO, o inimigo número 1

Tem uma coisa que me deixa especialmente curiosa no universo da alimentação infantil: por que tantas crianças só comem o caldinho do feijão e não aceitam os grãos? Quando é chegada a hora de introduzir o feijão na alimentação dos bebês, a orientação mais comum é que seja oferecido só o caldo. Mas isso deve ser temporário, já que é um período de transição para os alimentos sólidos. Logo, o caldo do feijão deve ser complementado com seus grãos amassados. Em seguida, o feijão já deve ser oferecido com seus grãos inteiros.

Mas algo acontece nesse caminho que faz com que muitos pais não consigam fazer esse percurso com sucesso. O resultado? Um monte de crianças, muitas já grandes, recusando o grão do feijão.

Seria por sua consistência? Mas o grão do feijão é um alimento macio, muitas vezes até mais macio do que outros alimentos que estão no prato. Então seria pelo seu sabor ou pela cor? Mas a criança come o caldo do feijão e o grão tem o mesmo sabor e cor? Está aí um grande mistério que eu ainda não consegui solucionar.

É preciso deixar claro que a importância do grão do feijão não passa apenas pela evolução da consistência, mas também pelo seu valor nutricional. O grão do feijão está recheado de fibras, e é onde está a maior concentração de vitaminas e minerais.

Um feijão só não faz verão

Era um grupo de feijões muito organizado. Adoravam estar em bando e viviam se encontrando em assembleias e reuniões. As reivindicações giravam sempre em torno do mesmo tema: a revolta por não serem aceitos por um grande número de crianças. Frequentavam as reuniões, feijões de todos os tipos: o preto, o branco, o marrom, o carioca, o vermelho e até o azuki, um feijão japonês.

Maravilha, um caroço de feijão preto muito simpático, mas um tanto exagerado, sempre liderava o movimento. Por ser mais conhecido e mais experiente, era respeitado por todos.

– Amigos, é chegada a hora! Chega de tanta rejeição e sofrimento. Vamos de uma vez por todas driblar a terrível peneira que não nos deixa entrar nos pratos das crianças. Os anos de omissão acabaram. A realidade em que éramos apenas caldo vai ficar para trás. A partir de agora, vamos dominar o mundo! Sigam-me os bons.

Foi um rebuliço geral. Maravilha saiu na frente com determinação. Os outros feijões, por via das dúvidas, acharam melhor seguir o líder. O feijão carioca, malandro e preguiçoso que só ele, foi o único que nem se mexeu. Mas gritou:

– Ô, maravilha, se liga irmão! Você ainda não sacou que as crianças só gostam de caldo? Grãos de feijão não são a praia delas... Que criança que vai gostar da gente?

Joca se virou para Carioca, e disse, num brado:

– Companheiro, vamos em busca delas: das crianças que vão ter coragem de nos conhecer. E mais: das que vão gostar da gente.

Não que isso tenha feito Carioca se mexer. Mas o grupo de feijões foi ficando cada vez mais empolgado e todos seguiram atrás do líder. Carioca achou melhor não perder a bagunça e saiu correndo em direção ao grupo.

– Mas estamos indo para onde?– perguntou Carioca.

– Para um lugar lotado de crianças... – Maravilha respondeu, cheio de si.

Na escola, Bia estava concentrada na sua experiência. A atividade já era velha conhecida, e ela adorava. Toda a turma estava com um copinho de plástico, um pedaço de algodão molhado e um caroço de feijão preto em cima de suas mesas.

Quando Bia foi colocar o caroço de feijão no seu copinho, quase caiu da cadeira ao ver o pequeno caroço preto se mexer sozinho! Mas apavorada mesmo ela ficou quando ouviu sua voz:

– Psiu! Menina, preste bem atenção!

– Vo-vo-você tá falando comigo, feijão? – gaguejou Bia.

– Claro, com quem mais? – respondeu, já ficando irritado, o feijão Maravilha.

E continuou, apesar da cara de espanto da menina: eu tenho uma missão pra você. Meus companheiros e eu precisamos entrar nessa experiência no lugar desses grãos de feijão que estão aí. Podemos contar com você?

– Claro– Bia respondeu, já começando a ficar animada com a missão.

Bia então esperou o sino tocar anunciando a hora do recreio. Demorou mais do que o normal para pegar seu lanche na mochila, para dar tempo de toda a

turma sair da sala. Quando todos já estavam a caminho do pátio, avisou:

– A barra tá limpa, podem vir.

Os feijões saíram em disparada em direção aos copinhos, numa correria desenfreada, como se suas vidas dependessem daquela missão. Todos, menos um. Bia viu um caroço paralisado, imóvel. Era Severino, um feijão verde. Bia abaixou na sua altura e perguntou:

– Está tudo bem? Você quer alguma ajuda?

Severino nem conseguiu responder. Maravilha, que estava organizando o movimento, explicou:

– Severino é um feijão muito avexado. Tem trauma dessa experiência. É que um primo dele uma vez foi colocado num copinho com algodão molhado, e cresceu tanto, mas tanto, que acabou indo parar numa nuvem com um tal gigante e nunca mais voltou. Mas isso é passado. Vamos em frente, amigo.

Acontece que Severino empacou mesmo. Maravilha tentou empurrar o amigo e nada. Nenhuma palavra de incentivo fazia com que o pequeno feijão se movesse. Nem pra frente nem pra trás. Bia começou a ficar nervosa, pois sabia que se demorasse muito para descer para o recreio, certamente alguém viria buscá-la na sala.

– Vamos, Severino, eu juro que a história do seu primo é uma lenda. – insitiu Bia.

– Se você ficar aí parado, vai ser chutado por uma criança e acabar no lixo!– disse Maravilha, já ficando impaciente.

Bia se abaixou, pegou Severino com cuidado nas mãos e disse bem baixinho e com afeto:

– Olha, eu posso colocar você no meu copinho, o que acha? Assim você fica perto de mim o tempo todo.

Antes que Severino respondesse, Bia ouviu um grito que a fez tremer:

– Biaaaaa! – era Mariana, uma menina pra lá de xereta da sua turma – A gente tá te esperando pra pular elástico, vem.

Bia estava com Severino na mão, e, sem saber o que fazer, colocou o pequeno feijão rapidamente em seu copinho.

– Já vou! Tô só ajeitando meu feijãozinho.

E sussurrou pra Severino: não se preocupa, vai dar tudo certo.

Maravilha e os outros feijões foram depressa para os copinhos.

Pronto, agora todos os copinhos já estavam com os feijões coloridos. Era só esperar uns dias e ver no que ia dar!

Aos poucos, os caroços de feijão foram dando lugar a um mundo de diferentes cores! Cada diferente caroço fazia crescer um pé mais lindo que o outro! Os alunos e a professora estavam encantados com a beleza e o colorido. Na verdade, a professora estava mesmo era intrigada com tudo aquilo. Como os feijões que ela mesma tinha distribuído para os alunos haviam se tornado coloridos? E Bia estava satisfeita, com a sensação de dever cumprido. Feliz da vida ao ver os amigos tão animados, levando pra casa diferentes tipos de feijões, que antes nem conheciam! E Severino? Tinha adorado o conforto do algodãozinho molhado e agora estava cheio de si, orgulhoso do tamanho do seu caule (que realmente não era grande suficiente para chegar até o céu.)

ATIVIDADE:

Caça-palavras / cruzadinha com o nome de todos os tipos de feijões

~~Branco~~
Preto
Carioca
Azuki
Mulatinho
Fradinho
Manteiga

A	H	I	N	T	A	N	T	E	I	N	T
M	A	N	T	E	I	G	A	Z	F	K	I
R	A	B	E	R	E	C	M	V	R	E	R
I	B	R	L	Q	O	S	A	L	A	L	Q
R	A	A	I	P	L	I	C	O	D	I	U
T	N	N	N	E	R	C	O	B	I	N	E
P	E	C	I	N	O	E	I	D	N	I	N
O	T	O	O	A	C	L	R	I	H	O	A
R	E	S	P	I	N	A	A	O	O	P	I
M	U	L	A	T	I	N	H	O	I	R	J
I	V	P	A	E	U	T	I	R	P	A	E

DINÂMICA:

Plantar feijões

Você vai precisar de uma bandeja de gelo, algodão e 2 ou 3 grãos de feijões diferentes (preto, branco, mulatinho, azuki, manteiga).
Coloque um pedaço de algodão em cada quadradinho da forma, adicione os grãos e regue diariamente.
Logo eles começam a crescer, cada um no seu tempo e do seu jeito.

Quiche de grão-de-bico

INGREDIENTES

MASSA:

250 gramas de grão-de-bico
3 colheres de sopa de azeite de oliva extra virgem
1 colher de chá de sal

RECHEIO:

1 xícara de chá de palmito picado
1 xícara de chá de frango cozido e desfiado
1 ovo inteiro
100 gramas de ricota
Cheiro verde
Sal e pimenta a gosto

MODO DE PREPARO:

MASSA.

1. Deixe o grão-de-bico de molho em água, de um dia para o outro.
2. Cozinhe na panela de pressão por 30 minutos.
3. Escorra bem e bata todos os ingredientes no processador. Forre uma forma.

RECHEIO.

1. Misture em uma vasilha todos os ingredientes e coloque por cima da massa. Leve ao forno médio preaquecido por 30 minutos.

SALADA DE FEIJÃO FRADINHO

INGREDIENTES:

250 gramas de feijão fradinho
1 cenoura
1 espiga de milho
100 gramas de queijo minas
Cheiro verde
Sal e pimenta à gosto

MODO DE PREPARO:

1. Deixe de molho o feijão de um dia para o outro.
2. No dia seguinte, despeje a água e coloque-o para cozinhar na panela de pressão com uma água nova, por aproximadamente 15 minutos. Não deixe cozinhar demais.
3. Pique a cenoura em cubinhos e cozinhe-a por 5 minutos em água fervente.
4. Pique o tomate e o queijo minas.
5. Misture todos os ingredientes, tempere a gosto e sirva.

Hambúrguer de Lentilha

INGREDIENTES

1 xícara de chá de lentilha
1 cebola roxa ralada
3 dentes de alho
3 colheres de sopa de azeite de oliva extra virgem
4 colheres de sopa de farelo de aveia
Cheiro verde
Sal e pimenta a gosto

MODO DE PREPARO:

1. Cozinhe a lentilha na panela de pressão por aproximadamente 30 minutos.
2. Pique a cebola grosseiramente.
3. Bata todos os ingredientes no liquidificador, até formar uma massa consistente para moldar os hambúrgueres. Caso seja necessário, acrescente mais um pouco de aveia.
4. Molde os hambúrgueres e finalize na grelha, na frigideira ou numa assadeira no forno por aproximadamente 15 minutos.

Capítulo 3

Experimentar um alimento novo? Éca!

Seu filho não quer experimentar novos alimentos de jeito nenhum? Só aceita comer a mesma coisa em todas as refeições? Pois você não está sozinha! Essa é uma das queixas mais comuns quando o assunto é alimentação infantil. Como ampliar o cardápio?

É incrível a quantidade de crianças que simplesmente se recusam a experimentar novos alimentos. E por isso muitos pais acabam adotando a velha técnica de esconder os alimentos que a criança não come em outro que ela gosta, como, por exemplo, legumes cozidos no feijão.

Apesar de ser uma forma de fazer com que a criança coma algum alimento que não gosta, essa estratégia tem suas desvantagens. Em primeiro lugar, a criança deve sempre saber o que está comendo. Se em algum momento ela percebe que o alimento que ela não gosta está sendo oferecido pra ela ali, escondidinho, ela pode se sentir enganada. E quem gosta de ser enganado? Então o melhor é ser honesto com a criança e encarar a missão de apresentar novos alimentos. É importante que ela conheça o sabor dos alimentos e o próprio paladar. Muitas vezes a criança come um alimento escondido e gosta dele, mas nem sabe que comeu.

Uma forma bacana de trazer o interesse da criança pela alimentação não é esconder, pelo contrário, é mostrar! Tente envolvê-la em todo o processo: vá ao mercado com ela, apresente alimentos diferentes, desperte a sua curiosidade e depois a leve para a cozinha.

Bobó, a abóbora que só queria um brilho

Bobó não era exatamente um alimento novo. Na verdade, a abóbora era um alimento até bem antigo: existia na História da Humanidade desde os tempos dos dinossauros. Pode perguntar pra sua avó. Aposto que ela vai saber umas mil receitas com ela! Mas, Bobó cresceu ouvindo que as crianças não gostavam dela. Sua família, seus amigos, todos a sua volta pareciam acostumados com a ideia. Mas ela não, sentia-se rejeitada, e, pra piorar, adorava crianças. Por isso o Haloween era sua época favorita do ano. Todas as crianças queriam saber dela, levavam-a pra cima e pra baixo, tranformavam-a numa coisa assustadora e aterrorizante, mas na hora de comê-la... Nada feito. E lá tinha ela que esperar mais um ano.

Bobó não entendia como não era amada: era tão gostosa e fazia tão bem! Cheinha de vitamina A, sempre ajudou no desenvolvimento e crescimento das crianças. Quando via uma criança ficava tão feliz! Mas essa alegria nunca era retribuída, ao invés de sorrisos, só recebia nãos, écas e caras de nojo. Ah, como Bobó queria ser amada por uma criança, se sentir contribuindo com um lindo cabelo de princesa brilhando...

Então, ela decidiu que iria a luta do seu sonho.

De noite, quando todos dormiam, pulou da cesta de legumes onde morava com as outras abóboras e foi atrás do livro de receitas que sempre via nas mãos da cozinheira.

Com todo cuidado, arrastou um banco, escalou com suas mini perninhas de abóbora e quase tombou quando espichou o corpinho para alcançar um livro na estante. Mas o livro era de receitas de aves... Definitivamente, não servia! Mais uma manobra arriscada, outro pequeno tombo e Bobó conseguiu pegar um outro livro. Esse sim, ela reconhecia a capa: uma foto de vários legumes e verduras. Até ela estava na foto. O livro dizia “Culinária vegetariana”.

Bobó folheou o livro com tanta rapidez que quase rasgou uma página, onde estava escrita uma receita da sua prima abobrinha. Enfim, encontrou sua vez: e era doce de abóbora, purê de abóbora, camarão com abóbora, sopa de bóbora e até quibe de abóbora. Quibe de abóbora? Bobó achou que seria perfeito, pois já tinha visto a cozinheira fazendo quibe mais de uma vez.

Pronto! Agora era só deixar o livro caído no chão, aberto bem na página da receita, e torcer pra que a cozinheira se animasse com a receita.

Bobó quase não dormiu à noite, de tanta ansiedade. No dia seguinte, bem cedo, a cozinheira entrou na cozinha e levou um susto:

-Mas que bagunça é essa? O que esses livros de receita estão fazendo pelo chão?

Quando ela se abaixou para pegar os livros, Bobó não acreditou no que ouviu.

-Hum... Quibe de abóbora? E eu que tava sem ideia pro almoço de hoje?

Bobó não se conteve de tanta emoção. E, poucas horas depois lá estava ela sendo colocada na mesa, numa linda travessa. Estava se sentido importante de uma forma que nem no Haloween acontecia.

E quando Manu gritou: Oba, quibe!, Bobó só não explodiu de alegria porque já estava toda em pedacinhos e amassada.

Manu deu uma bela garfada no quibe e disse:

– Que quibe delicioso!

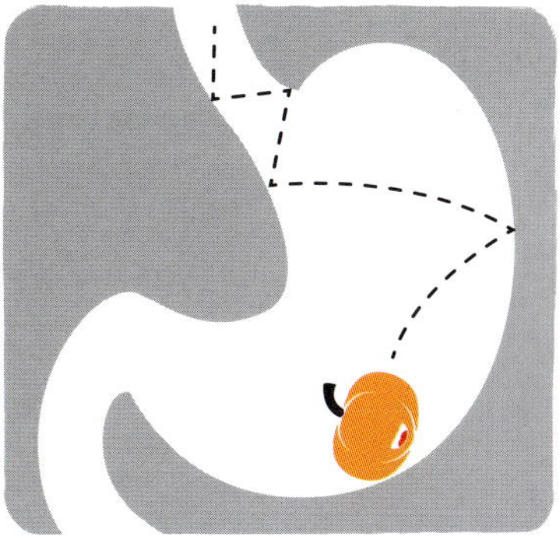

– Gostou, Manu? É que tem um ingrediente especial que eu sabia que você ia adorar: abóbora – Disse a cozinheira toda cheia de si.

– Gostei não. Amei!!

E Manu traçou mais um pedação do quibe. Tão grande que Bobó mal conseguiu passar pela garganta da menina em direção ao estômago. No início foi difícil: Bobó foi descendo com dificuldade pela garganta, mas logo que desembocou no estômago foi tomada por uma enchurrada de líquidos e os movimentos do estômago fizeram Bobó chacoalhar de um lado para outro. Estava achando tudo muito divertido, parecia uma montanha russa! De repente Bobó passou por um buraco bem pequeno e foi parar no maior tobogã que já viu! Nesse momento, Bobó foi se desmanchando cada vez mais e se espalhando pelo corpo da Manu.

Desde então, Bobó pode ser vista diariamente por aí, nos cabelos longos, lindos e brilhantes da Manu.

ATIVIDADE:

Circule os alimentos que você já experimentou e pinte os alimentos que nunca provou.

DINÂMICA:

Ir na feira ou hortifrutti e escolher alimentos novos para experimentar. Deixe a criança à vontade para escolher o alimento que ela acha atraente! Nunca diga para a criança que ela não vai gostar de determinado alimento. Em casa, procure com ela receitas com os alimentos escolhidos e mãos na massa.

Bolo de Cenoura

INGREDIENTES

3 cenoura médias
1/2 xícara de chá de óleo
2 ovos inteiros
1 e 1/2 xícara de chá de açúcar
1 xícara de chá de farinha de trigo branca
1 xícara de chá de farinha de trigo integral
1 colher de sobremesa de fermento em pó
50 gramas de gotas de chocolate

MODO DE PREPARO:

1. Bata as cenouras, o óleo, o açúcar e os ovos no liquidificador, até formar um creme.
2. Em uma vasilha, misture a farinha e o fermento e aos poucos vá adicionando o creme. Misture até que fique uma massa homogênea.
3. Adicione o chocolate e misture levemente.
4. Unte uma forma e leve ao forno preaquecido por aproximadamente 40 minutos.

Dica:
As gotas de chocolate podem ser substituídas por chocolate picado ou por uma calda de chocolate.

Cookie de abóbora com coco

INGREDIENTES:

1 xícara de chá de farinha de trigo branca
1/2 xícara de chá de farinha de trigo integral
1 xícara de chá de abóbora cozida e amassada
1 xícara de chá de açúcar
150 gramas de manteiga
1 ovo inteiro

MODO DE PREPARO:

1. Bata o açúcar e a manteiga na batedeira (ou à mão) até obter um creme. Junte o ovo e a abóbora e misture bem.
2. Em uma tigela peneire as farinhas e adicione a mistura.
3. Coloque a massa num saco de confeiteiro e distribua na forma.
4. Levar ao forno preaquecido por 15 minutos.

QUIBE DE ABÓBORA

INGREDIENTES

2 xícaras de chá de trigo para quibe
1 xícara de chá de abóbora picada
1 cebola picada
150 gramas de ricota
1 ovo inteiro
Pimenta síria a gosto
Sal à gosto
2 colheres de sopa de hortelã picada
Raspas de laranja

MODO DE PREPARO:

1. Coloque o trigo em um recipiente e deixe de molho em água por 30 minutos. Escorra e esprema.
2. Aqueça uma frigideira. Coloque 1 colher sopa de azeite e refogue a cebola. Abaixe o fogo e deixe-a cozinhar por 15 minutos.
3. Numa outra panela, cozinhe a abóbora com água e sal, escorra e junte a cebola refogada.
4. Esfarele a ricota e misture com o restante dos ingredientes, formando uma massa.
5. Unte uma fôrma refratária com gotas de azeite. Cubra o fundo da fôrma com a massa do quibe ou faça bolinhas. Leve ao forno e deixe assar por 30 minutos.

Dica:
Pode ser servido frio ou quente. Use gomos de limão para acompanhar.

Capítulo 4

Encarando os alimentos sólidos sem medo.

A mastigação é um exercício fundamental no desenvolvimento da criança. Por isso é tão importante evoluir a consistência dos alimentos oferecidos aos bebês de maneira eficiente. Se seu filho já tem idade mas não aceita alimentos sólidos, é hora de mudar isso.

A falta de mastigação pode provocar atrasos na dentição e na fala das crianças.

Quando uma crianca começa a mastigar, mesmo que os primeiros dentes ainda não tenham aparecido, ela está fortalecendo inúmeros músculos da região da boca que serão essenciais para o desenvolvimento da fala e articulação das palavras. E é exatamente o movimento de atrito de uma gengiva contra a outra no momento da mastigação que irá estimular a erupção dentária e, futuramente, o fortalecimento dos dentes.

Tom e a fada do dente

Tom era um dentinho lindo e pequenino, que morava num lugar não tão lindo assim: a boca do João. Não que a boca do João fosse exatamente um lugar sujo. Acontece que tudo que Tom conseguia ver na sua frente era uma parte do mundo. Na verdade, só mesmo uma pequena parte dele. Tom era um dente muito curioso e esperto, mas morria de tédio e andava muito desanimado. Queria ver o mundo por inteiro! Mas seu maior sonho, aquele com que sonhava todos os dias, era mesmo conhecer a fada do dente... Tom tinha um verdadeiro fascínio pela fada do dente! Vivia imaginando o dia que fosse colocado debaixo de um travesseiro e levado pelas mãos de fada que a fada do dente certamente teria. Mas, para seu sonho se realizar, só faltava uma coisa acontecer: cair. Tom precisava cair.

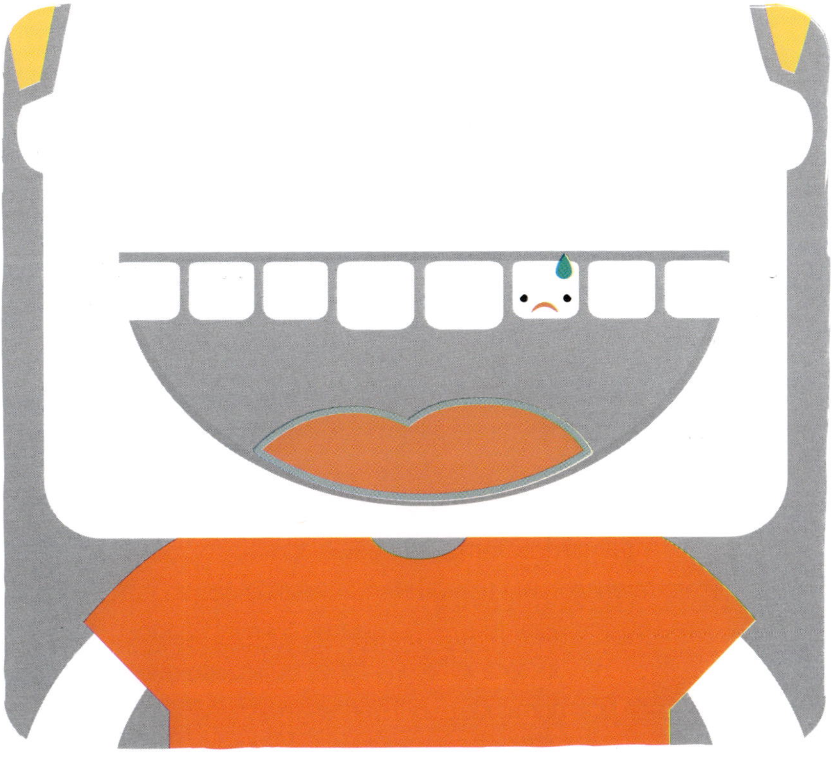

Só que João, o dono da boquinha, não estava ajudando: não gostava muito de mastigar. João rejeitava alimentos mais consistentes e naquela boca só entrava tudo bem amassadinho, batidinho e trituradinho. E nada que pudesse ajudar Tom a sair dali.

Tom estava tão desanimado que vivia dormindo. Ainda mais porque assim ele podia sonhar à vontade com a fada do dente. Estava mesmo se tornando um dentinho muito preguiçoso. Tom estava dormindo, portanto, quando ouviu um som extremamente agradável, que ele já conhecia, pois contava os dias para ouví-lo novamente: era o parabéns de aniversário do João! Tom começou rapidamente a fazer as contas. Sete anos. João estava fazendo sete anos. Caramba, como sete anos demoram a passar.

– Agora vai – Tom pensou– Não é possível, é agora que eu começo a sair daqui e caio de vez.

Passaram-se algumas horas, que mais pareceram dias inteiros, e Tom na maior ansiedade pra ver o que João iria jantar.

Só que nem toda surpresa é boa, e Tom começou a escutar outro som que ele conhecia bem... O do maldito liquidificador!

– Ah, não, comida batida de novo? Não acredito! Não pode ser.

Tom ficou desolado quando sentiu o cheiro daquela mistura de feijão com vegetais que ele conhecia bem...

E achou melhor voltar a dormir.

Foi acordado por Zé, o dentão ao lado, que já estava prestes a cair.

– Tom, acorda!

– Que foi, Zé? Deixa eu dormir em paz que não tenho mais nada pra fazer aqui!

– Acorda, Tom! Não desanima assim... Já, já você vai cair.

– Mas esse "já, já" tá demorando demais pro meu gosto... Eu queria tanto ver as coisas lá fora! E a fada do dente? Me conta, alguém já viu a fada do dente? – perguntou Tom, afobado.

– Tom, presta atenção: você tem que tentar se soltar da gengiva um pouco.

– Mas como eu vou fazer isso? – perguntou Tom intrigado.

– Fazendo força, ué. Ou você acha que foi de outro jeito que eu tô quase caindo? Ao invés de ficar dormindo e sonhando com o mundo, corre atrás dele.

Tom ficou pensativo. Como poderia correr atrás se era um dente preso? Naquela noite mal dormiu. Estava intrigado. Talvez seu amigo tivesse razão. E se ele começasse a tentar se mexer um pouco?

No dia seguinte, Tom acordou bem mais cedo do que de costume. Todos os outros dentes ainda estavam dormindo. Pelo silêncio, João também dormia. Começou a tentar se mexer, mas estava preso bem forte pela raiz. Fazia força pra um lado, força para o outro... Já estava suando, até que ouviu um estalo. E um grito. Tom fechou os olhos. O grito era um barulho já bem conhecido: era o choro do João! Mas o estalo... Tom estava com medo de abrir os olhos. Medo e ansiedade! Mas respirou fundo, tomou coragem e foi abrindo um olho aos poucos, depois o outro... E lá estava ele, pendurado de um lado só: havia rompido uma raiz! Tom estava nervosíssimo! Através da boca do João, viu a mãe do menino vindo correndo para socorrer o filho, que chorava muito.

– Meu filho, se acalma, é so o dentinho que está começando a cair! Vem, meu anjo, vamos limpar esse sangue.

Dentinho começando a cair? Sangue? Foi demais para o Tom, que acabou desmaiando, e dormindo.

Tom começou a sonhar com a fada do dente. No seu sonho, estava deitado bem aconchegado debaixo do travesseiro macio do João. Dormia como um dente bebê, e era acordado ao sentir um toque das mãos mais macias que já tinha sentido na vida. Abria os olhos, sonolento, e via aquele rosto lindo, perfeito, angelical. Era ela, Tom não tinha dúvidas. E era bem mais linda que nos seus pensamentos. Foi aí que Tom acordou.

– Não acredito -resmungou– Logo na melhor parte do sonho...

Mas o que Tom não imaginava era que dessa vez seu sonho não era mais um sonho. Dessa vez era realidade! Tom esfregou os olhinhos e viu aquele sorriso radiante da fada. Era real! Ele podia sentir a maciez das mãos de fada. Tom viu a fada colocando uma moeda embaixo do travesseiro do João e voaram em direção às nuvens mais altas. Ele agora era um dente feliz. Livre e feliz.

ATIVIDADE:

Labirinto: ajude Tom a chegar até a fada do dente. No caminho, ao passar por alimentos, vá colorindo aqueles que vão ajudar Tom a cair (alimentos de consistência mole e dura).

DINÂMICA:

Compare a consistência dos alimentos: cenoura crua e cenoura cozida, milho cozido e creme de milho, torradas e pão, maçã e banana.
Quais são mais moles? E mais duros? E mais crocantes? Quais você prefere?

EMPADINHA DE ARROZ

INDREDIENTES:

massa

1/2 xícara de chá de leite
1 ovo inteiro
1 e 1/2 xícara de chá de arroz branco cozido
1 cenoura pequena
1/2 xícara de chá de amido de milho
50 gramas de queijo muçarela ralado
25 gramas de queijo parmesão ralado
Salsinha a gosto
1/2 colher de sopa de fermento em pó

recheio

1 peito de frango
1/2 cebola
1 dente de alho
1 colher de sopa de requeijão

MODO DE PREPARO:

massa

1. Bata no liquidificador o leite, o ovo, o arroz e a cenoura picada até obter uma pasta.
2. Transfira essa mistura para uma tigela e adicione o amido de milho, o queijo muçarela, o queijo parmesão, salsinha picadinha, sal à gosto e misture bem.
3. Acrescente o fermento em pó e misture delicadamente. Deixe a massa descansar por 15 minutos.

recheio

1. Refogue a cebola e o alho, adicione o peito de frango e deixe cozinhar.
2. Deixe esfriar e desfie o frango com a massa do quibe ou faça bolinhas. Leve ao forno e deixe assar por 30 minutos.

MONTAGEM:

1. Em forminhas de empada untadas e polvilhadas com farinha de rosca, coloque uma porção de massa (aproximadamente 1 colher de sopa) e, com a ajuda das costas de uma colher, espalhe a massa forrando o fundo e as laterais de cada forminha.
2. Coloque uma porção de recheio de frango com requeijão e cubra com uma porção de massa.
3. Leve as empadinhas para assar em forno médio preaquecido a 180° C por aproximadamente 35 minutos ou até dourar. Retire do forno, desenforme e sirva em seguida.

Lasanha de Legumes

INDREDIENTES:

1 massa pra lasanha (daquelas que vão direto ao forno)
1 abobrinha ralada
1 cenoura ralada
1 beringela ralada
500 gramas peito de peru ralado
500 gramas de queijo minas ralado
500 ml de molho de tomate

MODO DE PREPARO:

1. Coloque em uma travessa uma concha de molho de tomate, a massa, os legumes, o queijo e o peito de peru. Coloque novamente a massa e aplique o molho de tomate por cima daquela. Repita esse processo até completar a travessa e finalize com o molho de tomate. Salpique com queijo parmesão.
2. Leve ao forno preaquecido por aproximadamente 30 minutos ou até que o molho de tomate borbulhe.

Dica:
Os legumes usados na lasanha podem ser variados: brócolis, vagem, ervilha... Use a imaginação!

Nugget caseiro de Frango

INDREDIENTES:

400 gramas de peito de frango
1 ovo inteiro batido
1 colher de sopa de cebolinha
200 gramas de farinha de milho
1 fatia de pão integral
1 cebola pequena
Sal e pimenta a gosto

MODO DE PREPARO:

1. Triture os filés de frango crus no processador e reserve.
2. Triture a cebola e a cebolinha no processador e misture ao frango.
3. Triture a fatia de pão no processador e junte ao frango, formando uma mistura.
4. Faça bolinhas com a mistura e passe um a um no ovo batido e em seguida na farinha de milho.
5. Unte uma assadeira com o azeite e arrume os nuggetes de forma a não encostarem uns nos outros.
6. Leve ao forno pre aquecido por 20 minutos, virando os nuggetes aos 10 minutos, para que fiquem dourados dos dois lados.

Capítulo 5

Quando a criança come demais e sem parar

A criança que come muito além do que precisa pode estar comendo por pura ansiedade. Não é difícil distinguir quando a criança está com fome de quando está comendo por ansiedade. Basta prestar atenção nos horários que ela come e na quantidade e qualidade dos alimentos. Pode ser que a criança esteja comendo pouco ou então esteja comendo apenas alimentos que não saciam o suficiente. Alguns alimentos feitos com farinha branca podem não sustentar por muito tempo (como pão branco e biscoitos). Dê preferência sempre a alimentos integrais, pois eles têm um alto poder de saciedade, devido a grande quantidade de água e fibra.

Se a criança come muito, mas come de tudo (incluindo frutas, legumes e verduras), existem algumas estratégias práticas que podem ser adotadas para controlar essa situação. Com a orientação de um nutricionista é possível criar um plano alimentar com horários adaptados a rotina da criança e porções adequadas a sua idade, peso e altura. Muitas vezes basta regrar horários e quantidades para que a criança possa equilibrar a rotina alimentar – até perder peso, se necessário.

Mas se a criança come demais e não quer saber de alimentos saudáveis, pois gosta mesmo é de besteiras, pode ser necessária uma mudança mais ampla. Incluir uma rotina alimentar que inclua frutas, legumes e verduras é fundamental.

Em ambos os casos atividade física é essencial, pois além de acelerar o metabolismo e gastar enegia, promove a liberação de serotonina, um hormônio que traz bem estar.

Fome de bola

Miguel era um menino que tinha muita fome. Fome de tudo. E no futebol era o maior fominha. Na verdade poderia ser um craque. Isso se soubesse passar a bola para os amigos. Tirava a bola da pequena área e vinha dominando até o gol. Passava por um, dois, três. Os outros meninos, livres, gritavam seu nome, acenavam com a mão para o alto, mas nada do Miguel passar a bola. Às vezes era gol. Muitas outras vezes chutava pra fora, na trave, na mão do goleiro.

Na hora da escolha dos times, Miguel, que sempre era o primeiro a ser escolhido, passou a ser um dos últimos. Afinal, mais do que ganhar ou perder, a graça era jogar. E isso todos os meninos sabiam: no futebol, era bem mais importante saber dividir e passar a bola do que ser um craque.

Isso sem contar as vezes que Miguel tinha que parar de jogar pra comer uma coisinha... Foi então que o professor de futebol resolver proibir de uma vez por todas que Miguel saísse no meio do jogo para beliscar alguma coisa. Mas o que já era ruim começou a piorar: Miguel passou a comer as bolas. Literalmente. Ninguém conseguia controlar o menino. A mãe foi chamada na escolinha de futebol. Nem ela sabia o que fazer.

E Miguel passou a comer qualquer coisa que tivesse formato redondo: biscoito, pneu, rosquinhas, balas, relógio, tambor. E ele começou a virar uma bola. A mãe do Miguel levou o menino ao médico: mas ele comeu a ponta do estetoscópio e o balãozinho do aparelho de medir a pressão.

Enquanto ninguém conseguia descobrir de que mal Miguel sofria, ele continuava a comer, comer, comer. E engordava sem parar... Já não conseguia mais correr e no futebol estava um fiasco.

Mas o professor de futebol do Miguel, que era um homem sensível e sabido, e entendia muito de meninos, teve uma boa ideia: parou de levar bolas e começou a levar frutas redondas. Num dia, maçãs, goiabas e melões. No outro, caquis, ameixas e pêssegos. Ninguém entendeu nada, mas ele sabia bem o que estava fazendo.

E Miguel, fominha do jeito que era, começou a comer as frutas. E o professor começou a levar tomates, beterrabas, rabanetes.

O professor levava e o Miguel comia. E o Miguel começou a voltar a conseguir correr e a ter mais ânimo.

E a mãe do Miguel adotou a mesma estratégia em casa. Era assim, simples: Miguel comia o que tivesse. Então a mãe do Miguel passou a ter sempre em casa muitos alimentos saudáveis. E quanto melhor Miguel comia, mais craque ele ia ficando. Além de jogar muito e comer de forma mais saudável, ele passava a bola! E marcava cada golaço...

ATIVIDADE:

Fazer listas dos alimentos que mais gosta, dos alimentos que menos gosta, de atividades que gosta de fazer e das que não gosta.

GOSTO +	GOSTO –

DINÂMICA:

Faça um diário alimentar bem colorido! Compre um caderno bonito, adesivos, canetas diferentes e o que mais sua criatividade mandar. Anote durante uma semana os horários e o que comeu em cada refeição, sem pular nenhum lanchinho.

HAMBÚRGUER CASEIRO

INGREDIENTES

100 gramas de carne moída
1/2 cenoura
1/2 cebola
1 fatia pão de forma integral
2 colheres de sopa de salsinha
Sal e pimenta a gosto
2 colheres de sopa de molho de soja light

MODO DE PREPARO:

1. Bata no processador, separadamente, a cenoura, a cebola e a salsinha.
2. Refogue a cebola e a cenoura, usando o molho de soja.
3. Esfarele a fatia de pão e junte a carne. Misture todos os temperos e acrescente a carne.
4. Faça bolinhas e amasse-as até conseguir a forma dos hambúrgueres.
5. Leve a chapa bem quente e deixe dourar dos dois lados.

Suflê de Beterraba

INGREDIENTES:

1/2 colher de sopa de amido de milho
1 beterraba média cozida
1/2 xícara de chá de leite
2 ovos inteiros
60 gramas de queijo parmesão ralado
100 gramas de queijo minas padrão picado

MODO DE PREPARO:

1. Misture o amido de milho com o leite. Leve ao fogo mexendo sempre até engrossar.
2. Coloque a mistura no liquidificador com a beterraba, o queijo minas e as gemas. Bata bem e tempere com sal (se necessário). Passe para uma tigela.
3. Bata as claras em neve e junte-as delicadamente a mistura. Leve a um refratário e salpique o queijo ralado.
4. Leve ao forno por 20 minutos ou até dourar. Sirva quente.

Bolinho de arroz com abobrinha

INGREDIENTES:

1 xícara de chá arroz já pronto
1 ovo inteiro
1 abobrinha
30 gramas de queijo parmesão

MODO DE PREPARO:

1. Bata o arroz já cozido no liquidificador com o ovo até que se forme uma massa. Se a massa ficar muito molhada, adicione mais arroz. Passe a massa para uma tigela.
2. Rale a aborinha.
3. Misture com as mãos a abobrinha e a massa de arroz.
4. Tempere com sal e pimenta à gosto, faça as bolinhas e polvilhe de queijo ralado.
5. Leve ao forno preaquecido por 15 minutos.

Dica:
A abobrinha pode ser substituída por beterraba, cenoura, chuchu ou outro legume de sua preferência.

Capítulo 6

Choro, birra, grito, ânsia de vômito e outras estratégias!

As crianças usam diversas estratégias para enrolarem os pais na hora das refeições.

Se você cede toda vez que seu filho faz birra porque quer comer uma besteira (seja porque você quer evitar o conflito, seja porque está cansado ou porque acha que não vai adiantar nada ser firme), saiba que você está adotando uma estratégia que pode funcionar a curto prazo. Mas se você pensa na saúde do seu filho a médio e longo prazo, talvez ceder não seja uma boa saída.

Quando você cede, aparentemente resolve um problema, certo? Mas na verdade está mascarando outro, e bem maior. Nem tudo que se resolve rápido é uma boa solução...

São inúmeras as estratégias e manobras que as crianças costumam usar na hora de recusar os alimentos, e muitas delas realmente parecem funcionar! Quantas crianças você conhece que berram, choram, batem nos pais e até vomitam na hora das refeições? E sabe por que elas fazem isso? Simplesmente porque funciona! Se não funcionasse, elas não faziam.

Não tem mistério: se os pais cedem por causa de um determinado comportamento, a mensagem que estão passando para a criança é de que é uma estratégia de sucesso. Se parar de funcionar, a criança vai precisar agir diferente. É claro que isso apavora os pais, o que é compreensível.

Mas se seu filho já está acostumado a usar desses artifícios para não comer, tente você agir diferente. Pode ser que no início seja difícil e que a criança faça mais birra ainda! Mas quando ela de fato perceber que o resultado não será mais o desejado, saberá que é o momento de mudar também.

Chega de chororô.

Não sei explicar bem tudo o que aconteceu comigo... Só sei que antes, quando eu sentia fome, minha mãe me pegava no colo eu eu ficava lá, um tempão, grudadinho com ela, mamando no peito. Depois que eu cresci um pouco começaram a me dar mamadeira. Não era tão gostoso, mas ainda assim eu não precisava fazer muito esforço e o leite e os sucos até que eram bem saborosos.

Mas logo depois eu fui parar todo desajeitado em um cadeirão... E o pior: sem a minha mãe nem meu pai! Começou a vir uma moça desconhecida me dar comida, e eu nem sabia se gostava dela ainda. Da moça e da comida! Eu não gostava do jeito que ela pegava a colher e colocava na minha boca! O que era aquilo, afinal? E lá vinha a minha mãe e eu já sabia que ela só vinha me dar um beijo de despedida e sair. E eu ficava sempre muito bravo com isso. Chorava, esperneava... Antes adiantava, a minha mãe desistia de sair, me tirava do cadeirão, me pegava no colo e me enchia de carinho.

É segredo, mas às vezes ela até desistia do meu prato de comida e me dava mamadeira. Mas com o tempo isso parou de funcionar... Daí eu um dia, de tanto chorar, acabei engasgando. E foi o maior rebuliço! Minha mãe me pegou no colo, a moça que cuida de mim correu pra pegar água, e, o melhor: pararam de insistir pra eu comer. No dia seguinte, eu tentei, só por curiosidade... E não é que funcionou? Eu engasguei, fingi que ia vomitar, cuspi a comida que tinham colocado na minha boca e, pronto, todos se comoveram de novo.

Tudo ia funcionando bem com eu queria: eu só comia o que tinha vontade! Um dia minha mãe chamou outra pessoa pra cuidar de mim quando ela saía pra trabalhar. E eu, que já não gostava nada da ideia de ter que ficar com outra pessoa, resolvi que não iria comer mais nada com essa moça nova, que eu nem conhecia. Já no primeiro almoço dei o melhor de mim e caprichei: tossi, sufoquei, vomitei, cuspi... E nada. Como era possível? Ela não demostrava nem um pingo de preocupação.

Eu comecei a exagerar na minha performance, e até consegui vomitar de verdade! Mas nada adiantava... Ela nem se abalava. Como era possível isso? Ela não tinha sentimentos? Como conseguia ver uma criança se esgoelando daquele jeito e não fazer nada? Logo eu, que estava tão acostumado com as coisas funcionando do meu jeito. Não vinha mamadeira, não vinha biscoito, não vinha nada. Nem me tirar daquele cadeirão ela me tirava. Não foi fácil para mim...

Mas foi quando eu percebi que não tinha mais jeito. De nada adiantava gritar nem chorar e eu já estava ficando cansado... Então, eu decidi ser forte: sim, eu comi uma colherada de arroz com feijão. E não é que era bom? E com mais uma, e outra... E a moça nova começou a me contar uma história muito divertida e engraçada. E quanto mais eu comia, mais ela ficava animada, e nós dois rimos muito. E foi arroz, feijão, purê de batatas, carne moída e cenoura. Sim, eu comi o prato inteiro! E vou contar um segredo, mas não espalhem por aí, tá bom? É que foi bem mais divertido e gostoso.

ATIVIDADE:

Letras soltas que correspondem a nomes de alimentos saudáveis. Junte as letras que formam nomes de diferentes alimentos.

Banana
Brócolis
Cenoura
Ervilhas
Espinafre

DINÂMICA:

Vá a uma livraria e procure livros que falem sobre alimentação com prazer e diversão, para que o assunto seja tratado fora do horário crítico das refeições. Há uma série de livros de receitas para crianças e de histórias divertidas sobre alimentação.

Barquete de Abobrinha com Carne Moída

INGREDIENTES

500 gramas de carne moída
1/2 cebola
1 dente de alho
1 tomate para molho
2 abobrinha médias
1 colher de sopa de azeite de oliva extra virgem
2 colheres de sopa de salsinha picada
1 xícara de chá de queijo minas picado
Sal à gosto

MODO DE PREPARO:

1. Corte as abobrinhas ao meio, no sentido do comprimento. Com o auxílio de uma colherzinha, retire a polpa. Reserve.
2. Prepare a carne moída: refogue o alho e a cebola, adicione a carne, acrescente a polpa da abobrinha e refogue.
3. Tempere com a salsinha e o sal e desligue o fogo.
4. Pincele a parte interna da abobrinha com azeite e recheie-a com a carne moída.
5. Coloque as abobrinhas em um refratário, polvilhe o queijo por cima e leve ao forno preaquecido, por 20 minutos, ou até gratinar.

ESPETINHO DE FRANGO COM LEGUMES

INGREDIENTES:

500 gramas de peito de frango
1 cebola grande
1/2 pimentão vermelho
1/2 pimentão verde
1/2 brócolis americano
1/2 cenoura levemente cozida
1/2 abobrinha
1/2 beringela
1 xícara de chá de tomate cereja
10 espetinhos de churrasco

MODO DE PREPARO:

1. Pique todos os ingredientes em cubos de mais ou menos 2 dedos.
2. Espete o frango alternadamente com os legumes de sua preferência.
3. Aqueça bem a chapa e coloque os espetos, até que o frango se solte facilmente da chapa para virá-lo.
4. Caso seja necessário, pressione um pouco os espetos na chapa, para que os legumes alcancem o calor.

Dica:
Caso prefira, os espetos podem ser feitos no grill.

Torta de Maçã

massa

1 xícara de chá farinha de trigo branca
1 xícara de chá farinha de trigo integral
3 colheres de sopa de iogurte natural desnatado
2 colheres de sopa de manteiga
1 gema

recheio

1/2 xícara de chá de açúcar
3 colheres de sopa de canela em pó
2 colheres de sopa de açúcar
1 limão (raspa da casca e suco)
4 maçãs

MODO DE PREPARO:

1. Descasque e corte as maçãs ou rale-as. Deixe de molho na água com o suco do limão.
2. Em uma vasilha, junte as farinhas, a gema, o açúcar, 1 colher de canela, raspas do limão e manteiga. Aos poucos vá adicionando o iogurte.
3. Unte a forma e forre com a massa.
4. Faça uma mistura de 2 colheres de sopa de açúcar com o restante da canela. Polvilhe metade dessa mistura, por cima da massa.
5. Arrume as maçãs e polvilhe o restante da mistura (açúcar e canela).
6. Coloque pra assar em um forno preaquecido por aproximadamente 40 minutos.

Capítulo 7

Viciado em refrigerante e suco de caixinha. E AGORA?

Um dos piores hábitos que vemos hoje em dia na alimentação das crianças é o excessivo consumo de refrigerantes e sucos de caixinha, e o baixo consumo de água e sucos de fruta natural.

O refrigerante é uma bebida que traz uma série de malefícios: tem uma quantidade enorme de açúcar, conservantes e corantes; faz mal ao dentes; contribui para o aumento de peso, e alguns contém cafeína em excesso. Além disso, contém gás carbônico.

O suco de caixinha, embora seja uma opção prática e rápida, também não é uma saída saudável. Contêm os mesmos índices de açúcar, conservantes e corantes que os refrigerantes, e de fruta mesmo, não sobra quase nada! Já o suco de fruta natural, além de ter uma boa quantidade de água, vem carregado de vitaminais, fibras e mineirais, nutrientes naturalmente presentes nas frutas.

Devemos lembrar sempre que 85% do nosso corpo é feito de água, que deve ser constantemente renovada. A água é o lubrificante natural do nosso organismo; é ela quem aciona o funcionamento de vários órgãos (como intestino e bexiga), além de ser responsável pela absorção de diversos componentes nutricionais fundamentais para o bom funcionamento do nosso metabolismo. Então, na hora da sede, água, sempre!

Chicão, o menino que voou como um balão

Chicão até que era um menino engraçado e divertido, mas tinha um hábito muito estranho: ele não comia nenhuma fruta. Isso pode até não parecer um problema para muitas pessoas, mas e quando a brincadeira mais legal da turma do bairro era justamente catar frutas no quintal da Dona Rosa? Era sempre o momento mais emocionante da turma: iam todos juntos, pé ante pé, numa tentativa de ficarem em silêncio e não serem descobertos, embora sempre alguém tivesse um ataque de riso só porque não podia rir. E era goiaba, manga, maçã... E às vezes a graça era comer por lá mesmo pra ficar ainda mais emocionante e tentar não ser pego pela Dona Rosa, que era muito brava! Outras vezes a diversão era levar as frutas pra casa e inventar alguma receita: podia ser salada de frutas, bolo, biscoito...

Mas Chicão preferia ficar em casa tomando refrigerante do que ter que aturar a Dona Rosa. Porque, é claro, algumas vezes o plano não dava certo, mas ser pego e levar bronca fazia parte da brincadeira. Nem de suco Chicão gostava. Então ele não achava mesmo nenhuma graça na brincadeira... Ele perdia sempre a diversão, mas qual era o problema? Achava bem mais legal ficar em casa no videogame... Mas a grande verdade é que ele era super medroso... Morria de medo de cair da árvore, de ser pego pela Dona Rosa e de levar uma bronca daquelas! Não achava muita graça em sentir fortes emoções. Mas no fundo, bem lá no fundo, ele não achava tão legal assim ficar de fora das brincadeiras da turma.

Um belo dia Chicão estava no quintal de casa, sozinho, tomando uma

lata de refrigerante, enquanto ouvia de bem longe a algazarra que os amigos faziam no quintal da Dona Rosa. E uma coisa muito estranha começou a acontecer: seus pés e pernas começaram a inchar tão rápido que nem conseguia mais se equilibrar em pé! Seus braços e mãos também. A lata de refrigerante caiu da sua mão, e antes mesmo que ele conseguisse pegá-la do chão, sua barriga fez "ploft", e pronto: ele inteiro havia virado um balão! E sem entender nada, começou a voar e flutuar. Chicão foi tomado por um pânico quando começou a ver as casas ficando cada vez menores e por mais que ele gritasse e se debatesse, não conseguia descer! Não sabia mais o que fazer, mas não podia desistir. Já estava chegando perto das nuvens quando teve a ideia mais genial da sua vida: deu um arroto tão gigante que começou a esvaziar lentamente e a descer.

O arroto foi tão alto que ele pode ouvir dos vizinhos:

– Ih, vai chover! Ouviram esse trovão?

Chicão foi caindo suavemente, até alcançar o chão de um bosque desconhecido. Não tinha ideia onde estava e, pra piorar, já começava a anoitecer. O menino estava com fome, sede e exausto. Olhou ao redor e só o que via eram árvores e mais árvores. Eram tantas árvores que ele mal via o céu. Foi então que Chicão lembrou que algumas árvores eram frutíferas, como sempre disseram seus amigos. Então aquelas coisas coloridas que ele via no topo das árvores eram frutas! Subiu na árvore mais baixa, não sem esforço, pegou uma manga suculenta e se lambuzou! Estava docinha e muito saborosa! Achou por bem pegar mais umas três e ficar com elas à mão, caso ficasse com fome novamente. Sem saber como sair de lá, Chicão deitou por entre os galhos e adormeceu. No dia seguinte, logo cedo, foi acordado por umas vozes que soaram familiares:

– Podem vir, a área tá limpa.

– Uhu! Eu quero goiaba.

Chicão conhecia aqueles gritos de algum lugar...

– Dona Rosa já saiu!

Espera aí! Dona Rosa? Quer dizer que ele estava no quintal da casa da Dona Rosa? Não podia acreditar! Seus amigos todos estavam logo ali ao lado e ele, que sempre foi o medroso da turma, estava lá, e na parte mais sombria de todas, onde nenhum amigo tinha tido a coragem de ir.

Chicão encheu os bolsos de manga e foi correndo ao encontro dos amigos! Ninguém acreditou quando Chicão apareceu, cheio de si, com as mangas mais lindas como prova de sua coragem.

Chicão foi considerado um verdadeiro herói. A partir de agora, era ele quem desbravava as árvores frondosas até encontrar as frutas mais maduras. Ficar sozinho no quintal bebendo refrigerantes, nunca mais.

Mas de vez em quando ele ainda soltava um bom arroto pra aliviar... Quem sabe um dia ainda precisaria desta técnica outra vez?

ATIVIDADE:

Mistura de cores. Numa coluna, diferentes frutas de diferentes cores (morango, laranja, mamão, kiwi, uva...), agrupadas duas a duas. Na outra coluna, sucos de cores diferentes. A criança tem que fazer a relação entre a mistura das frutas e a cor que o suco vai resultar.

DINÂMICA:

Brincadeira do suco secreto. Faça vários tipos de suco, com frutas diferentes e misturas inusitadas! Misture cores e sabores e escolha os preferidos.

SUCO ARCO-ÍRIS

INGREDIENTES:

3 morangos
1/2 manga
1 laranja
1 cacho de uva verde
1 maçã

MODO DE PREPARO:

Descasque e pique a maçã.
Passe todas as frutas na centrífuga ou bata no liquidificador.

DICA

Bata com gelo para dar uma consistência de frozen.

Sorvete de Banana

INGREDIENTES

1 dúzia de bananas prata picada
1/2 suco de limão

MODO DE PREPARO:

1. Coloque a banana picada em um recipiente e leve ao congelador.
2. Após congelada bata no mix e adicione o suco do limão.
3. Sirva ou leve novamente ao congelador.

Salada de Frutas

INGREDIENTES

3 bananas
1/2 mamão formosa
3 maçãs
1 cacho de uva sem caroço
1/2 abacaxi
3 laranjas seleta

MODO DE PREPARO:

1. Descasque e pique todas as frutas bem pequenininhas, menos a laranja.
2. Faça um suco com as laranjas.
3. Misture todas as frutas e despeje o suco da laranja por cima da salada.
4. Sirva gelada.

ATÉ BREVE

QUER SABER MAIS SOBRE A LEYA?

Fique por dentro de nossos títulos, autores e lançamentos.

Curta a página da LeYa no Facebook, faça seu cadastro na aba *mailing* e tenha acesso a conteúdo exclusivo de nossos livros, capítulos antecipados, promoções e sorteios.

A LeYa está presente também no Twitter e Google +

www.leya.com.br

facebook.com/leyabrasil

@leyabrasil

google.com/+LeYaBrasilSãoPaulo

Este livro foi composto em
Adobe Garamond Pro
e impresso para a LeYa
em abril de 2014